O ITINERÁRIO DO CURATIVO

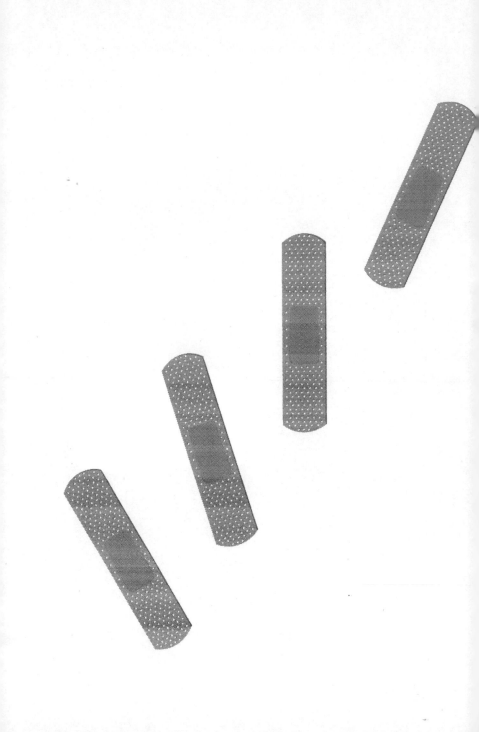

O Itinerário do Curativo

Nicolas Behr

Copyright © 2022 Nicolas Behr
O itinerário do curativo © Editora Reformatório

Editor
Marcelo Nocelli

Revisão
Natália Souza
Marcelo Nocelli

Imagem de capa
iStockphoto

Design e editoração eletrônica
Negrito Produção Editorial

Agradecimentos especiais
Ana Cristina Magalhães, Carlos Marcelo,
Francisco Alvim, Sérgio de Sá e Thiago E

Dados Internacionais de Catalogação na Publicação (CIP)
Bibliotecária Juliana Farias Motta (CRB 7/5880)

Behr, Nicolas
   O itinerário do curativo / Nicolas Behr. – São Paulo: Reformatório, 2022.
   96 p.: 14 x 21 cm

   ISBN 978-65-88091-59-3

   1. Poesia brasileira. I. Título.

B42i   CDD B869.1

Índices para catálogo sistemático:
1. Poesia brasileira

Todos os direitos desta edição reservados à:

EDITORA REFORMATÓRIO
www.reformatorio.com.br

O sentido da vida é que ela termina.

FRANZ KAFKA

SUMÁRIO

11 poema e dor
12 A BALADA DO FALSO POETA
14 sem palavras
15 na seca
16 viver deveria bastar
17 SORAYA
18 o que faz
19 VIDA
20 SÓ UMA PERGUNTINHA
21 morreu
22 onde exerço minha tirania
23 vai na casa do teu pai
24 PROFESSORA DEOLINDA
25 DIAMANTINO KAYABI PALACE
26 me encontraram caído
27 falta dente
28 não vejo a hora de te ver

29 como é possível viver
30 NADA SEI DE MIM
31 ENCONTRO
32 NO JERÔNIMOS
33 um homem
34 nem todo corpo
35 ESCOLHA SEU SONHO
36 A ÚLTIMA VIAGEM
38 o pai mais doce
39 teu relevo
40 PAI
41 fósforo riscado
42 POR QUE NÃO?
43 ABUSO
44 À LA HEIDEGGER
45 o que a vida quer
46 o que faz o corpo
47 ADOLESCENTE AOS SESSENTA
48 a vida
49 atirei e depois
50 enquanto
51 DIGNIDADE
53 um dia lindo

54 ADEUS, FERIDA
55 INHALTSVERZEICHNIS
56 pai, tua morte
57 só abro
58 QUASE POESIA
59 cada um
60 a professora pede
61 PRECISO DE UMA PÁ
62 KWANDO EU ENLOKEÇER
63 FAZENDA AMOLAR, DIAMANTINO
64 carne e nervos
65 VISITA
66 cerrado invade
67 nada faz para agradar
68 ANIVERSÁRIO
69 o senhor é rico
70 insignificante (pra você)
71 é a neurose
72 não sei como vim parar
73 dorme
74 VISITA AO TÚMULO
75 línguas extintas
76 diga, simplesmente

77 PANDEMIA
78 CONSELHO DO TEÓFILO
79 o pai real
80 clips reacionários
81 por que expor a ferida
82 se não houvesse pai
83 2013
84 essas balas de metralhadora
85 lemos, eu e meu pai
86 mostra
87 FUI FELIZ
88 teu livro
89 lamber com olhos ásperos

poema e dor
se abraçam

que inveja

A BALADA DO FALSO POETA

minha miséria é meu tesouro
nasci para ser sombra

não tenho face
minha espada acovardou-se

fraca é a minha vontade

a voz do meu algoz é doce
suave é seu abraço

nas certezas, combustível
nas incertezas, chama

tudo que condeno me atrai
tudo que desprezo desejo
tudo que amo destruo
tudo que admiro não quero

tudo que elogio é falso
tudo que assisto é por interesse

tudo que enterro nada cresce
tudo que sei guardo pra mim

tudo que beijo morre
tudo que é oficial subverto

tudo que toco não ressuscita
tudo que gero vira nada

tudo que vi cegou-me
tudo que aplaudo desaprovo

tudo que me esqueço lembro
tudo que não prometo cumpro

tudo que é burocrático aprecio
tudo que leio se desintegra

tudo que encaro recuo

tudo que escrevo nego

sem palavras
estamos desarmados

sem palavras
estamos mudos, extintos

quer mais que palavras?

então te cala

na seca
é melhor
porque precisa regar

viver deveria bastar

mas o que queremos, afinal?

sair pelas rodovias com os loucos
explodir no cosmos

SORAYA

uma amiga
vai morrer

escrever um poema
é o mínimo
que posso fazer

e o máximo

o que faz
um (bom) poeta?

um pai ausente
e talento

o que faz
um (bom) poeta?

um pai indiferente
e talento

o que faz
um (bom) poeta?

um bom poema

VIDA

se pudéssemos
te agarrar
o que dirias?

me solta

SÓ UMA PERGUNTINHA

você ainda
acredita
em quê?

morreu
secou
acabou

não tem mais

o fogo da palavra
extinguiu-se
mas a alma do cerrado
queima para sempre

onde exerço minha tirania
onde violo
onde jamais sorrio
onde agradeço de costas
onde não cedo lugar
onde o outro... que outro?
onde me torturo
onde me corrompo
onde o amor não tem vez
onde não me desculpo
onde ninguém me ama
onde as feridas nunca cicatrizam

vai na casa do teu pai
que já foi tua
e o abraça

como quem
não quer nada

nem um abraço

**PROFESSORA DEOLINDA
DA SILVA CAMPOS**

quantas palavras
existem
na língua portuguesa?

quantas você quiser

DIAMANTINO KAYABI PALACE

volta pra casa

todo ouro se foi
nenhum diamante ficou
tua infância te esqueceu

nu no quarto do hotel

me encontraram caído
às margens da rodovia,
jogado no capinzal

eu estava sem camisa,
a calça suja, de meias,
sem os sapatos

o policial disse na tv
que eu não tinha
nenhum ferimento aparente

falta dente
sobra unha

em cada não-esquina
de brasília
um bloco a menos
na boca quadrada

a oferta de sangue
a procura da agulha

não vejo a hora de te ver
estou sem relógio

não vejo a hora de te ver
vendaram meus olhos

não vejo a hora de te ver
estou cego de amor

não vejo a hora de te ver
porque perto de ti
o tempo não existe

para alcina

como é possível viver
sem escrever poemas?

que fim levaram
teus fantasmas?

pega papel e caneta
escreve e sangra

rasga, depois queima
e pisa

se enterra

NADA SEI DE MIM

mas as palavras
nunca me abandonaram

qual é o limite? qual é o limite?

tirar a roupa na w3
e andar até teresina,
descalço,
sobre o asfalto quente

no caminho
ir rasgando dinheiro

a sua vida não me interessa

ENCONTRO

ele empurrava a pesada bicicleta
na subida íngreme
da serra do vale do paranã
(estrada de chão,
um palmo de poeira)

eu ia numa picape

ofereci água,
sanduíche e carona

egoísta, não deixou
que eu me ajudasse

NO JERÔNIMOS

no teu túmulo
o meu tumulto

queria um assim pra mim

serás enterrado em cova rasa
e tua carne devorada pelos cães

devolvi o livro e praguejei

isso de nada adianta
pois os cães devorarão também
teu livro raso

um homem
ronda a casa

convido pra entrar

pede água

senta no sofá

daqui só saio morto

nem todo corpo
é carne
nem toda carne
é vício

nem toda tentativa
é poema

ESCOLHA SEU SONHO

depressão
ansiedade
histeria
obsessão
fobia social
sadismo
melancolia
esquizofrenia
TOC
paranoia
demência
poesia

A ÚLTIMA VIAGEM

estou assustadíssimo com a maturidade

aquela viagem, na qual não podes
levar nada nem ninguém

viagem ao desconhecido – sem roteiro
finalmente o tão sonhado
sossego eterno

lá tem praia? os tais seres de luz estarão
me esperando? ou serão meus companheiros
de viagem? e se eu chegar lá ao meio-dia
e não conseguir vê-los?

meus melhores anos escrevendo poemas,
vendendo plantas, plantando árvores e
distribuindo flores em canteiros que secam

a última viagem, tranquila, serena, sem filas,
sem check-in, sem assentos marcados,
sem nenhuma chateação,
sem ansiedade

partir num avião sem asas,
num trem sem trilhos

puxados pela luz

o pai mais doce
do mundo

vivíamos como formigas
ao seu redor,
tirando pedaços

teu relevo
revela

elevação
em direção
ao abismo

fissura
no monte de vênus

PAI

substantivo masculino
substitutivo másculo

substância minúscula
substituindo músculos

fósforo riscado
bananeira que já deu cacho
pequi roído

poema lido

POR QUE NÃO?

porque mão

mão que sobe
mão que sobre
mão que sabe

mão de sabre

ABUSO

tira logo
essa máscara
de bacana

À LA HEIDEGGER

você, eu, a consciência
do ser, este poema
e o ar que respiramos
(ar – a única coisa
que realmente compartilhamos)

aquele instante único
em que somos pensantes, solitários
e potencialmente suicidas

*o que a vida quer
da gente é coragem*

*e quando a coragem
não vem?*

levanta que o rosa
taí na porta

o que faz o corpo
desejar tanto?

o que faz o corpo
se mover
em direção ao outro?

as pernas

ADOLESCENTE AOS SESSENTA

tirei o relógio
e cortei o pulso do tempo

a eternidade sangra
no compasso das horas

a vida
chega ao fim
quando a infância acaba

e como
só depende de você
a vida
pode ser eterna

atirei e depois
quis ajudá-lo
a se levantar

mas a bala
era pesada demais

enquanto
não perdoar o seu pai
e não se perdoar
você não vai ter paz

e quem disse que quero paz?

DIGNIDADE

encontrei sidney num shopping,
domingo à tarde, antes do cinema,
bem vestido, juiz de um campeonato
de xadrez

me reconheceu e
me cumprimentou efusivamente

a certa altura da conversa perguntei:
e você, sidney, trabalha em quê?
falou sobre xadrez e desconversou

mas então, você está estudando
pra concurso? insisti

não consigo estudar nem
trabalhar, eu tenho esquizofrenia

(aquele baque)

puxa, sidney, você está muito bem
pra quem tem essa doença, consegui dizer

alcina acena de longe,
hora de entrar
no cinema

um dia lindo
nada ensina

sala de aula ao vazio,
azul sombrio

o dia rasgado
na capa
do livro em branco

ADEUS, FERIDA

nos reencontraremos
em outras peles

palavras suaves
já não funcionam mais

INHALTSVERZEICHNIS

o que dizer
da forma mais simples
que pareça complexo?

a poesia
se esconde indelével
entre as nuvens

a poesia
desaparece nessas horas
com seu ar diáfano

são as novas idiossincrasias
dos velhos paradigmas, meu caro

pai, tua morte
nos fez bem

tive acesso
a tua biblioteca
escrevi poemas para ti

e morri um pouco também

morrer é sempre bom

só abro
meu coração
se você
abrir o seu

coberto de moscas

QUASE POESIA

o pedaço de gelo
que se dissolve na boca

o toco de vela
se apaga

uma folha caída no chão

a poça d'água
seca no asfalto

o corpo de um cão apodrece
às margens da rodovia

aquela nuvem já não
se parece mais com

cada um
com sua armadura

eu com o escudo
meu pai com seu brasão

já encolhemos as almas
já recolhemos as lamas

já escolhemos as armas

a professora pede

escreva um poema
sobre o seu pai

posso dizer a verdade?

não

mas eu amo
o meu pai

PRECISO DE UMA PÁ

enxada ou picareta
não servem

quero uma pá

não pá mecânica
dessas de máquina
retroescavadeira

me dê uma pá

escrever é escavar

para milton hatoum

KWANDO EU ENLOKEÇER

no semáforo,
maltrapilho, entre os pedintes,
papel e caneta na mão

escrevendo poemas
e anotando as placas dos carros
ou rabiscando um desenho
do batman? te oferecendo
um verso em troca de um abraço
ou apenas fingindo?

viver não dá lucro

FAZENDA AMOLAR, DIAMANTINO

sempre volto
porque sei
que a paisagem,
mesmo machucada,
me espera

carne e nervos
se soltando dos ossos

para onde os levarão
os milhares de vermes
e seus guindastes?

VISITA

nós gostamos muito
da poesia do seu filho,
disse erli ao meu pai

mas não é um clássico

da próxima vez
me apresente
um dante, um goethe

cerrado invade
sufoca cidade
céu desaba

tira cerrado
troca paisagem

cimenta tudo
asfalta o céu

nada faz para agradar

autossuficientes
cada dente sorri
para o outro
dentro da boca fechada

ANIVERSÁRIO

esperando, desde cedo,
aquele telefonema
que não virá

do amigo profundo,
desconhecido, talvez morto
ou que ainda não nasceu

no orelhão sem telefone
o fio pendurado
balança

o senhor é rico,
me ajude

agora é tarde
para voltar
àquela praça
em corumbá

se voltar
não me encontrarei

insignificante (pra você)
pedra portuguesa fora do lugar
na praça dos três poderes

pequena pedra branca
e quadrada
caída no asfalto
esperando que a encaixem
de volta ao buraco

ou que alguém a atire
numa vidraça

é a neurose
procurando um sentido
procura
procura
procura
procura
é a neurose
procurando um sentido
procura
procura
procura
procura
é a neurose
procurando um sentido
procura
procura
procura
procura

J2

não sei como vim parar
nesta casa de pescador
na costa da noruega

ele não fala inglês
mas nos entendemos
quer dinheiro

menti
disse que tinha muito dinheiro no brasil
e ele seria recompensado

três dias depois me matou

dorme
que a escuridão
te iluminará

os poemas virão

o sonho do cego
é sonhar colorido

VISITA AO TÚMULO
DE MANOEL DE BARROS

Campo Grande, Mato Grosso do Sul
Parque das Paineiras – Pinheiro 11 – 135
13 de agosto de 2018, pela manhã

simples

ao nível das formigas, caramujos, lagartixas

línguas extintas
em lábios fossilizados
soletram
indecifráveis cartas de amor

para madul

diga, simplesmente,
que enlouqueci

diga, apenas,
que saí sem rumo pela rodovia
(a não ser o rumo da rodovia)

diga que o fio terra era fraco
e se partiu (e que não havia
fio nem terra)

havia apenas um poeta
pendurado num poste

PANDEMIA

seremos outros?
voltaremos diferentes?
onde ficava nosso mundo?

nosso?
meu e seu?
e eles? aqueles ali

por que temos medo deles?

CONSELHO DO TEÓFILO

toma muito cuidado
ao escrever
sobre o pai

você vai estar
pisando
em ossos

o pai real,
o simbólico
e o imaginário,
ensina a psicanálise

o tapa na cara

clips reacionários
fogueiras de carimbos
ofícios de ofídios
decretos decrépitos
alvoroço no alvorada
paranóicos paranoás
processos prosexos
assinaturas falsas
grampeadores sanguinários

e assim rolam
as cabeças
da aristocracia funcional

por que expor a ferida
nas vitrines
das livrarias?

por que tornar públicos
esses sentimentos?

pra voltar pro inferno

se não houvesse pai
não haveria poesia

seus filhos são poetas?

não

eles tiveram
uma infância feliz

2013

o brasil pegando fogo
e eu aqui vendendo flores
e escrevendo poemas

deveria estar erguendo barricadas?
pegando em armas?

caneta e flor
não servem?

caneta e flor
são armas frágeis

essas balas de metralhadora,
esses estilhaços de granada
que te alvejaram, meu pai,
nos últimos dias em berlim,
também me feriram

pela vida afora as muitas guerras
pelas quais passamos

sem vencedores nem vencidos

apenas hemorragias internas

lemos, eu e meu pai,
um de costas por outro

poema por poema
palavra por palavra
letra por letra

olho por olho
dente por dente

mostra
a ostra

abre
a concha

pérola

FUI FELIZ

a vida foi boa pra mim

pra que serve
a poesia?

e você?
pra que serve?

teu livro
é poético
mas vazio

levou um murro

lamber com olhos ásperos
o choro doce dos desesperados
para que o sangue e a saliva
não se misturem

o choro vazio dos fracassados
se infla de elogios e sobe aos céus

soprar minerais sobre o choro árido
dos infelizes para que chova areia
nos olhos desérticos dos desalmados

dar sentido ao choro sem sentido
dos perdidos, choro sem começo nem fim

ler lápides, decorar frases
saudades dos seus
e não ter medo
do choro silencioso dos mortos

revoltar-se com o choro sem pranto
dos inconformados, o choro sem lamúria
dos infelizes, o choro sem soluços
dos moribundos, o choro sem choro
dos esquecidos e dos muito tristes

coletar o choro humilhado
de todos nós
num balde de ouro, furado

valorizar o choro piegas
dos desavergonhados,
dos poetas sem futuro

fazer reviver o choro suicida
dos arrependidos
que, ousados e exagerados,
pulam de cabeça
nos olhos secos do dia a dia

dar uma chance ao choro cego
dos torturados, ao choro glorioso
dos vencidos, ao choro divino
dos fracassados

arregaçar as narinas para recolher
o choro fétido dos mendigos
que pedem esmolas com
os olhos na mão

ignorar com carinho
o choro covarde dos violentos
e dos muito brutos que choram
tijolos de sal

perdoar com compaixão
o choro raivoso
dos que perdoam
(mas não esquecem)

celebrar sempre
os choros inaudíveis na clausura
das fábricas, conventos e prisões

julgar e condenar ao choro eterno
os que se julgam
incapazes de chorar

ao choro incolor
dos que nunca sentem dor
– a dor dos olhos feridos –
a dor insípida dos incompreendidos

oh, glândulas lacrimais,
grandes demais
para uma rima tão imperfeita
que também chora!

viva o choro prático umificador
dos olhos que expulsa
pequenos corpos estranhos do meu ser:
agonia, melancolia,
sementes de melancia

anunciar o choro invisível
dos insensíveis em outdoors
bem vistosos pelas rodovias

celebrar o choro sem explicação
dos amores impossíveis,
choro sofrido em solo sagrado

aos olhos vazados dos poetas
– que tudo sentem
e por onde tudo passa –
olhos sem porteiras, peneiras ao sol

aos críticos iletrados e leitores piegas
ofereço o choro indecifrável
deste poeta fracassado
(os grandes poetas não choram)

se você sentou e chorou,
pode se levantar
e pular

Contatos com o autor
paubrasilia@paubrasilia.com.br
@nicolasbehr
www.nicolasbehr.com.br

Esta obra foi composta em Corundum Text Book
e impressa em papel pólen 90 g/m² para a
Editora Reformatório, em agosto de 2022.